Poems in Absentia
&
Poems from
The Island and the World

Poems in Absentia
(Poemas Ausentes)

&

Poems from
The Island and the World
(A Ilha e o Mundo)

A BILINGUAL EDITION

P E D R O   D A   S I L V E I R A

TRANSLATED BY George Monteiro
FOREWORD BY Vamberto Freitas
AFTERWORD BY George Monteiro

TAGUS PRESS
GÁVEA-BROWN PUBLICATIONS
UNIVERSITY OF MASSACHUSETTS DARTMOUTH AND
BROWN UNIVERSITY'S DEPARTMENT OF PORTUGUESE
AND BRAZILIAN STUDIES
DARTMOUTH, MASSACHUSETTS,
AND PROVIDENCE, RHODE ISLAND

Tagus Press is the publishing arm of the
Center for Portuguese Studies and Culture at
the University of Massachusetts Dartmouth.
Center Director: Victor K. Mendes

Bellis Azorica Series 2
Tagus Press at the University of Massachusetts Dartmouth
Original Portuguese text © 1952 and 1999 Pedro da Silveira
Translation and afterword © 2019 George Monteiro
Foreword © 2019 Vamberto Freitas

Executive Editor: Mario Pereira
Series Editors: Onésimo T. Almeida and Mario Pereira
Designed and typeset by adam b. bohannon

Co-publication with Gávea-Brown Publications of the Department of Portuguese and
Brazilian Studies at Brown University

For all inquiries, please contact
Tagus Press
Center for Portuguese Studies and Culture
University of Massachusetts Dartmouth
285 Old Westport Road
North Dartmouth MA 02747–2300
(508) 999-8255, fax (508) 999-9272
www.portstudies.umassd.edu

ISBN: 978-1-933227-90-0
Library of Congress control number: 2019902811

Edição em Portugal:
ISBN: 978-989-8828-87-3 (Portuguese Edition)

COMPANHIA DAS ILHAS
Rua Manuel Paulino de Azevedo e Castro, 3
9930-149 LAJES DO PICO
Telefones – Rede móvel: 912 553 059 | 917 391 275 – Rede fixa: 292 672 748
companhiadasilhas.lda@gmail.com
www.companhiadasilhas.pt

CONTENTS

POEMS FROM *The Island and the World* (*A Ilba e o Mundo*) (1952)

Two Poets in Conversation

Rereading Pedro da Silveira's poems through the hand of George Monteiro is like being privy to an intimate conversation between two artists without their being aware of our presence by their side. A well-known woman writer of Portuguese descent once told me that even when we do not read each other's work, our writing will inevitably overlap in its metaphors and images—whether because we look at the same "reality" or because of the shared memory of our ancestry. The past is an indelible though always subjective gift for each person who lives it and remembers it. It is impossible for us to look at the same object, remember this history and this common past, without at least discovering ourselves in some of the most remarkable and significant details or moments.

Allow me to say at the outset that George Monteiro, to me, is by far the most Azorean Luso-American with continental ancestry among us. He is now professor emeritus of the Department of Portuguese and Brazilian Studies at Brown University, but he was never unfamiliar with Azorean literature, to which he made and continues to make constant evocations in a literary and intellectual gesture that he must certainly consider an integral part of his own Portuguese inheritance in the United States. He is himself a poet of considerable formal resources and universal themes: his book *The Coffee Exchange* has cover and interior illustrations by the late Azorean artist Rogério Silva; elsewhere, in "Almada's Pessoa," he pays tribute to the poet of all our identities and philosophical anguish, just as his book *Double Weaver's Knot* is a collection of poetic images and metaphors in search of answers about existence and being, about how one belongs to two worlds, to multiple emotional loyalties, and much more. I also have to say candidly that George Monteiro is one of my mentors in yet another area that has occupied me for a good part of my professional life as a critic: he was the first and has been the most consistent student of and essayist on literature by Luso-descendants. It was he who showed the way in directions that, during the 1970s, were still unknown to us. Then, we were not sure that in or outside of academia we would have much more to say, either because in a university context we seemed to be ignored everywhere or because we seemed not to exist. Monteiro accomplished this important work with his friend and colleague at Brown, Onésimo Teotónio Almeida, in the center that would soon become, through his influence and incessant work, a full-fledged Department of Portuguese and Brazilian Studies. This department now embraces other geographically dispersed and internationally recognized Lusophone areas whose study is essential. In 1980, under the editorial direction of Almeida, the first issue of the journal *Gávea-Brown: A Bilingual Journal of Portuguese-American Letters and Studies* appeared and included one of Monteiro's short stories, "Creation." His systematic attention to the literatures of our diaspora and the Lusophone world in general was not only becoming more intense, as was Azorean writing on and beyond the archipelago, but it was also becoming one of his sources in the search, once again, for the beauty of our literary arts and for the multiple questions that surrounded the foundation of our common identities everywhere. Thus, much more unites Pedro da Silveira and George Monteiro than the destiny of a past tied to these worlds of affect and memories without borders. Even during the struggle on several international fronts for recognition of a multifaceted literary Portugal, its mid-Atlantic literature remained largely unknown, produced by islands surrounded by the sea—and by land on all sides of the continent to the west of the old self-centered Europe.

In the poems collected here, we have some selections from what I have always thought of as Pedro da Silveira's most famous book, *A Ilha e o Mundo*. There is no doubt that one of those poems, "Ilha / Island," which Monteiro translated and published in *The Sea Within*, a 1983 anthology published by Gávea-Brown that gathered together a number of Azorean poets and others connected to the islands by different affinities, corroborates what I have said about his interest in Azorean literature in general. These are, perhaps, the most-cited lines by members of my generation:

Só isto:	Only this:
O céu fechado, uma ganhoa	Closed sky, hovering heron.
pairando. Mar. E um barco na	Open sea. A distant boat's
distância:	hungering
olhos de fome a adivinhar-lhe, à proa,	prow eyeing forever those bountiful
Califórnias perdidas de abundância.	Califórnias.

It must be mere coincidence that one of our greatest poets of all time lived on the most distant island of the archipelago, the closest to America, one of the most limited in terms of material resources for survival and, for this reason, one of the most paradigmatic, I believe, of the historical fate of the Azores. The poetry of Pedro da

Silveira epitomizes the best of the literary arts of the Azores: his cosmopolitan modernism, his more or less free forms, and especially his themes, which combine the existential and intimate condition of their author with the fury of registering the conditions of our precarious life and consequent protest. His real and metaphorical progress between real and imaginary frontiers became a powerful reference, perhaps even the genesis, for all that would be written afterward. The irony of his poetry is also the irony of his literary destiny. I have no doubt that he will be better known and read among those who now have the possibility of absorbing his poetry in English than he will be in the rest of Portugal, which recalls little more about the Azores than the anticyclone, and even then knows almost nothing about what this means in meteorological terms. Yet Pedro da Silveira is not only an Azorean poet; he represents, as few others do, a national culture and fate, and he happens to take his islands as the image and metaphor for an entire country, one that claims to be from the sea or turned toward it but that has already forgotten about the adventure and its living and felt consequences.

Poems in Absentia / Poemas Ausentes is not only a title of separation or leaving. It is also a magnificent demonstration of all that our profound and restless condition represents and conveys. Monteiro's translations are not simply those of someone who has deep knowledge of both languages and the human history associated with them. Certain meanings, their sonorous and rhythmic beauty, their sometimes precise and sometimes approximate images, are those of someone who lives them, someone whose fixed gaze from land or sea keeps the horizon in family memory, as a mystery and, above all, as a possibility for escape. Moreover, Monteiro is perfectly aware of the obsession with identity in our poetry: of having to explain to the rest of our own country who we were and are, where and how we live. The fact of being a hyphenated American, even in times when this was forgotten or intentionally ignored, brings him back, in his native language, to our intimate encounter.

I do not believe that there are words in *Poems in Absentia* that can better convey the relationship between one poet and the other, between Pedro da Silveira and George Monteiro, among all the polysemy of each word and line in either language, as precisely as these from "As palavras / Words": "Que ninguém lhes toque / Let no one touch them." Read them, recite them. These lines open this marvelous collection of translations of some of our most important poetry, inaugurating a journey that will always end in another much richer return to the Ithaca of us all.

Pedro da Silveira is one of the most influential poets of my generation, which, during the 1960s, began to publish poetry and prose that demonstrated a systematic opposition to the dictatorship of António Oliveira Salazar, which lasted for forty-eight years until he was overthrown on April 25, 1974. Born in 1922 on Flores, the westernmost island in the Azores archipelago and thus in Europe, Silveira led a multifaceted life and practiced various professions, traveling constantly through the Azores and on continental Portugal. He was a poet, a historian, and a theorist of the literatures of various islands and archipelagos. He was, perhaps, most profoundly influenced by another great poet from Flores, Roberto de Mesquita, who never left the island and published only one book, *Almas Cativas* (1931), which introduced symbolist poetry to Portugal (and which Silveira himself republished in Lisbon in 1973). Silveira served for a number of years as director of the National Library of Portugal, based in Lisbon, and he died in that city in 2003. Throughout the years he maintained contact, often over great distances, with poets such as Manuel Bandeira in Brazil and with a number of writers from Cabo Verde, who influenced his ideas about island literature. Silveira's thinking on this subject recalls that of the Francophone theorist and writer Édouard Glissant, originally from Martinique, who laid out his ideas in the book *Poetics of Relation* (1990; English translation 1997). For Silveira and Glissant, island writers absorb universal culture through intellectual and personal contacts with the broader world of the continent, and the diversity of genres and contents is a fundamental characteristic of island writing.

Silveira also distinguished himself for his research on literature and culture, which resulted in the first great *Antologia de Poesia Açoriana*, published in 1975. The anthology unleashed a range of controversies regarding what does and does not constitute an autonomous literature that is written and published outside of the islands but within the same country. Nonetheless, thanks to his extraordinary erudition, Silveira became one of the most influential voices in the argument that writers should remain faithful to the geographic territory that is dearest to them, for this will never diminish the universal qualities of their writing in form or content.

It might be an exaggeration, but I am convinced that the most cited and recited poem in the Azores appears in Silveira's first book, *A Ilha e o Mundo* (1952). Silveira's dual citizenship in Portugal and the United States (his father, an immigrant farmer, was born in California) meant that the experience of the emigrant/immigrant was almost always present in his thinking and creative writing. The poem I am speaking of, "Ilha," is quoted above, and it contains the principal course of our history. Even today, when we find ourselves integrated into the European Union, the poem maintains its topicality and truth in its symbolic description of the island as the existential condition in which its people live, in which we all live on an archipelago in between Europe and the New World.

Silveira's publications are vast, and his archives in the National Library of Portugal in Lisbon contain much more information. Most important to us in the Azores—and to the literature of the country as a whole—is the long-awaited *History of Azorean Literature* that Silveira left partly organized after his death and whose contents can be found, in part, dispersed throughout various texts and essays. Silveira unquestionably occupies a prominent place in our regional and national literary canon.

Vamberto Freitas, University of the Azores
Translated by Mario Pereira

POEMS IN ABSENTIA
(POEMAS AUSENTES)

Que ninguém lhes toque
se as não sabe amar
como os vivos amam,

VIOLENTAMENTE.

WORDS

Let no one touch them
if he does not know how to love them
as the living love,

VIOLENTLY.

SONETO DE IDENTIDADE

Chamo-me Pedro, sou Silveira e sou
também Mendonça: un tanto duro, como
Pedro é pedra; picante agudo assomo
de silva dos silvedos—não me dou!

Raiz flamenga, já se sabe; e um gomo,
no fruto, castelhano. E assim bem pou-
co, pois, que doce me passara à out-
ra pátria (ou língua?) que me coube e tomo.

Ainda Henriques (alemão? polaco?)
e outros cognomes mais: espelho opaco
de errâncias várias, que mal sei. (Desfaço,

talvez por isso, no que faço.) Ilhéu
da casca até ao cerne—e lá vou eu,
sem ambição maior que o livre Espaço.

SONNET OF IDENTITY

I call myself Pedro, I am Silveira and I am
also Mendonça, a bit hard, just as
Pedro is stone; I assume the bramble's
sharp sylvan prick—I don't give much!

Flemish roots, you know; and a shoot,
In the fruit, that's Castilian.
Pass over to the other country (and language?)
that belongs to me and I take on.

And still Henriques (German? Polish?)
and other names as well: an opaque mirror
of various stumblings I'm barely aware of.

(That's why, perhaps, I undo what I do.)
An islander, hard-shelled to the core—and there I go,
with no greater ambition than the open Space.

Defronte da minha janela
o vento agora embala
as flores lilases dos jacarandás.

A tarde cai, cansada,
e não sei porquê
de repente lembrei-me
que foi numa tarde como esta
sob uma brisa morna
que nos dissemos adeus.

No entanto não recordo
se havia flores ou simplesmente
era a tarde, sem paisagem nenhuma.
O que ainda sei é o teu vulto
emoldurado no sol—
e depois a casa
onde já não vive ninguém.

Tantas casas desertas
e tantos rostos para sempre inencontráveis.

Outside my window
the wind now sways
the lilac flowers of the jacarandá.

The afternoon wanes, languidly,
and I don't know why
suddenly I am reminded
that on an afternoon like this one
under a warm breeze
we said our good-bye.

I do not remember
if there were flowers or that it was simply
afternoon, with no scenery at all.
What I still know is your face
framed in sunshine—
and afterwards
the house where now no one lives.

So many deserted houses
and so many faces never to be found.

OS RITOS
(Segundo Nicanor Parra)

Cada vez que volto
à minha ilha
depois de uma grande ausência
a primeira coisa que faço
é preguntar pelos que morreram.
Todo o homem é um herói
pelo simples facto de morrer
e morrer onde se nasceu
é a mais heróica das mortes.
Os mortos, já se sabe,
são os nossos mestres estabelecidos e aceites.

Em segundo lugar
pergunto pelos que se foram embora.
Os que se ausentam, mesmo,
como eu, sem responder a um apelo irrecusável
ou sem uma forte razão que amor ditasse,
também fazem parte da vida.

Só depois, não antes de cumprir
este tão simples rito, primeiro funerário,
logo vulgarmente demográfico,
me considero com direito ao regresso.

E assim abro a porta de minha casa,
entro e fecho-a à chave atrás de mim
como quem se defende dos ladrões nocturnos,
cerro as cortinas todas, encosto
as portadas de madeira das janelas
e sento-me na cadeira-de-embalar,
a mesma que meu avô trouxe de Boston
quando voltou de vez e se casou.

Fecho então os olhos (para ver melhor)
e a mim mesmo conto contos que ainda sei,
os de Pedro Malas-Artes primeiro
e em seguida quantos mais me vão lembrando
como aqueles, de subtilezas e enganos.
E com isto pouco a pouco adormeço

RITES
(After Nicanor Parra)

Each time I return
to my island
after a long absence
the first thing I do
is ask about those who have died.
Every man is a hero
for the simple fact of his dying
and dying where he was born
is the most heroic of deaths.
The dead, it is known,
are our established and accepted masters.

Secondly
I ask about those who went away.
Those who absent themselves, even,
like me, without responding to an unobjectionable appeal
or without a strong reason that love would dictate,
also belong to life.

Only later, not before fulfilling
this so simple rite, first funereal,
then vulgarly demographic,
do I consider myself as having the right to return.

And thus I open the door to my house,
enter and lock it behind me
like someone protecting himself against thieves in the night,
draw together all the curtains, close up
the wooden window-shutters,
and sit down in the rocking chair,
the same one that my grandfather brought over from Boston
when he returned for good and got married.

Then I close my eyes (to see better)
and tell myself stories that I still know,
first those of Pedro Malas-Artes
and followed by so many others like them that come back to me,
of subtleties and tricks.
And with this little by little I fall asleep

e quando acordo, descansado
e achando natural estar de novo onde estou,
ponho-me a cantar todas as canções
levianas e até obscenas
que anos a fio aprendi por esse mundo.

Evitando olhar para os retratos
que continuam pendurados à roda da sala
e que são os dos meus mortos mais chegados,
começo a pensar na partida.

E sempre que outra vez abalo
em voz bem alta me aconselho:
—É melhor não voltares.

and when I awaken, rested
and finding it natural to be once again where I am,
I start singing all the frivolous and even bawdy songs
that down through the years I learned throughout this world.

Avoiding any look at the photographs
that are still hanging around the room
and which are those of my closest dead,
I begin to think about leaving.

And every time I take off
I warn myself, out loud:
"You had better not return."

Pego nestas cartas tanto tempo guardadas,
desato as fitas dos maços, olho as datas seguidas.
Minha mãe sabia a história de cada uma,
melhor direi cada um dos que escreveram,
parentes nossos que quase todos nunca mais
voltaram para acabar onde nascidos.

Esta é talvez a mais antiga de todas:
7 de Setembro de 1872.
António, que a data de Broken Hill, na Austrália,
não se esqueceu que era véspera da Senhora da Saúde,
mas fala já da abóbora assada de Todos os Santos
e do Natal, do Ano Bom e do Dia de Reis.
Sabia que uma carta de lá às Flores tardava,
e por isso, em bom cursivo, os seus votos
de boas festas *"com saude e na graça de Deos"*.

Era eu bem pequenco quando veio a notícia
de esse António, já sobre além dos oitenta anos,
durar ainda, num asilo de velhos, parece-me,
numa cidade que me lembro se chamava Adelaide:
e o que ele queria agora não era saber dos seus
mas se herdara alguma terra e, se tivesse herdado,
que lha comprassem porque o dinheiro, mesmo pouco,
fazia arranjo a quem de seu só tinha a idade.

Eu imaginava que na Austrália cavavam ouro
e só então fiquei sabendo que também lá os velhos
como tantos nossos não tinham para sua masca.
—Foi a minha primeira lição de Geografia.

De 4 de Maio de 1885
e escrita em Red Bluff, na Califórnia,
esta outra carta é de Raulino, que havia um mês
chagara ali para trabalhar, como diz,
nos moínhos da madeira, onde as soldadas eram
melhores que nas ovelhas, e agora estava
em casa de tio José, tratado como seu filho.
Nada mais que contar senão *"hua grande desgraçia"*:

PRATTLE FROM FAMILY LETTERS
AND PHOTOGRAPHS

I pick up these letters so long kept,
untie the ribbons holding the packets, look at the consecutive dates.
My mother knew the story of each one of them,
or, better still, I should say of every one of those who wrote them,
relatives of ours almost none of whom
returned to end up where they were born.

This one is probably the oldest of all:
7 September 1872.
António, who dates it from Broken Hill, Australia,
does not forget that it is on the eve of Our Lady of Health,
but speaks already about the baked squash of All Saint's Day
and of Christmas, of the Good Year and the Day of Kings.
He knew that a letter from there to Flores would take a while,
and therefore, in good cursive, his wishes
for happy holidays "with health and in the grace of God."

I was just a child when the news came
that this António, well over eighty,
was still around, in a home for the aged, it seems to me,
in a city that I recall as Adelaide:
and what he wanted now was not to know about his people
but whether he had inherited any land and, if he had inherited any,
that they buy it from him because money, even a little of it,
would come in handy to one whose possessions were only his age.

I imagined that in Australia all they did was dig up gold
and only then did I find out that there too the aged,
just like ours, didn't have anything to eat.
—It was my first lesson in Geography.

From 4 May 1885
and written from Red Bluff, in California,
this other letter is from Raulino, who had, a month earlier,
arrived there to work, as he says,
in the sawmills, where the pay was
better than with the sheep, and he was now
in the house of "tio José," being treated like a son.
Nothing more to tell except for "a great misfortune":

um do Mosteiro, que já era para vir para trás,
fora apanhado pela serra e ficou sem as pernas;
agora estava em Sacramento no hospital e não
se sabia ainda se escapava ou se morria.
E contando-o põe no fim: "*Antes elle morra
porq. hum homem assim sem pernas não é nada.*"

Pobre moço! Um dia aconteceu-lhe a mesma coisa
e não morreu, mas depois a mulher largou-o
e só então ele compreendeu que a sua vida
sem pernas (e sem mulher) não fazia sentido:
como pôde arrastou-se até ao rio, que lá
é o Sacramento River e vai dar, em Vallejo,
à grande baía chamada de San Francisco—
e sem pernas nem vontade de viver se afogou.

Agora o que eu encontro é uma fotografia
onde o casal e seus oito filhos que nela estão
diante de um fundo com colunas gregas e parras
vestem uma solenidade de quem faz de conta
que não vive ao lado, exactamente, do equador.
Foi tirada por *Fidanza Photographo,* no Pará,
e a data, na dedicatória de meu tio-bisavô Inocêncio,
é 16 de Junho de 1894.

Uma carta tarjada, de três anos adiante,
conta que o filho maior, José Luís de nome
e então nos vinte, morreu de febre amarela.
E é a última noticia que encontrei guardada
desses que as conversas das tias velhas referiam
como os nossos primos Goulartes brasileiros.

Finalmente atinjo o fundo do escaninho e tiro
ainda outra carta, solta e a única no envelope,
no entanto aberto e de que arrancaram o selo,
mas que, mesmo assim, dir-se-ia escondida.
Assina-a Afonso, em Luanda, onde assistia,
em 18 de Fevereiro de 1907.
É à mãe e diz-lhe que está bom, mas que passou
um mau tempo, com as febres (o clima, pois claro);
e um retrato que junta, mais diz, é com o filho
(um menino mulato, vê-se) e põe que gostava

a fellow from Mosteiro, who was already set to go back,
was caught in the saw and lost his legs;
now he was in the hospital in Sacramento and it was not
known if he would survive or die.
And telling this he adds at the end: "Better that he die
bec. a man like that, without legs, is nothing."

Poor boy! Later the same thing happened to him
and he did not die, but afterwards his wife left him
and only then did he understand that his life
without his legs (and without his wife) made no sense:
as best he could he dragged himself to the river, which there
is the Sacramento River, which ends up, in Vallejo,
in the great bay named the San Francisco—
and without legs or the will to live drowned himself.

Now I come upon a photograph
in which the couple and their eight children are standing
in front of a backdrop of Greek columns and vine leaves
and who wear the solemnity of those who pay no attention
to the fact that they live, exactly, at the equator.
It was taken by Fidanza Photographo, in Pará,
and the date, given in the inscription of my great uncle Inocêncio,
is 16 June 1894.

Bordered in black, a letter, three years later,
tells that the older son, José Luís by name
and then in his twenties, died from yellow fever.
And that is the last notice I found saved
from those that the talk of the old aunts referred
to as our cousins the Brazilian Goulartes.

Finally I reach the bottom of the hiding place and take out
still another letter, by itself and the only one in its envelope,
open nevertheless and from which the stamp
has been pulled off, but that, even so, it can be said, hidden.
It is signed Afonso, from Luanda where he was present,
on 18 February 1907.
It is to his mother and he tells her that he is well, but that he's gone
through a difficult time, with the fevers (the climate, clearly),
and a photograph he sends along, he continues, is with his son
(a mulatto child, it can be seen) and he puts it that he would like

de o mandar para cá, onde melhor se educaria.
—Mas afinal quem veio, quinze anos além, foi ele
e, que eu me recorde, pois conheci-o bastante,
nunca falava no filho do retrato na gaveta.
Vinha só de visita, disse, mas foi ficando.
Não trazia dinheiro que luzisse e a sua roupa
eram fatos de caqui, sem falar num chapéu
desses que chamam capacetes coloniais.
Com isso, também lá nos veio um papagaio,
que por sinal era cinzento e não verde, mas
falava como falam os outros, do Brasil.
O papagaio chamava-o: "Ó Afonso!"—e depois
era como se desse gargalhadas enquanto
o dono se embebedava com aguardente de figos.
Também gritava "Chiça!", e foi mesmo o que fez
quando primo Afonso, como era de esperar
desfeito, verde, morreu de cirrose hepática.

Este meu primo contava pouco da sua vida
dos anos passados em Angola, ao que parece
comprando p'lo sertão borracha e cera que logo
revendia a outros comerciantes, na costa.
Um dia perguntei-lhe como eram as pretas
e ele primeiro riu, mas por fim foi dizendo:
"Em tempo de guerra não se limpam as armas."
Mais nada, a não ser, vencido um novo silêncio:
"No princípio a catinga enjoava-me, não podia . . ."
E explicou-me que catinga é como lá se chama
ao cheiro que deita a pele suada dos negros.

E a propósito disto, vem-me à lembrança agora
que de uma vez, em Kowloon, além de Hong Kong,
uma puta chinesa me disse, e ria, ria,
que os *nau sôc*, como chamam aos portugueses
(à letra traduzido, vejam lá!, cheiro de vaca),
mesmo lavados sempre fedem a morto.

Mas deixando esta dos odores corporais
que, havemos de concordar, são antipoesia,
reparemos antes, com o melhor daquelas cartas
que desde minha bisavó a minha mãe guardaram
e eu agora, a espaços comovido, fui lendo;

to send him here, where he might be given a better education.
—But finally the one who came, fifteen years later, was himself
and, as I recall, for I knew him well,
he never talked about the son in the photograph in the drawer.
He was only here to visit he said but he kept staying on.
He had no money that saw the light and all his clothing
was made of khaki, not to mention a hat
of the kind they call colonial helmets.
Along with this, we also got a parrot,
which, as it happened, was gray and not green, but
spoke just like the others, from Brazil.
The parrot would call him: "Hey, Afonso!"—and then
it was as if it guffawed while
its owner got drunk on fig brandy.
It also yelled out "Chiça!" and that's what it did
when cousin Afonso, as was to be expected,
dissipated, green, died of hepatic cirrhosis.

This my cousin said little about his life
during the years he spent in Angola, apparently
buying through the wilds rubber and wax that he would right off
resell to other merchants, on the coast.
Once I asked him what the black women were like
and he laughed, at first, but ended up saying:
"In times of war guns are not cleaned."
Nothing else, but another breach of silence:
"In the beginning the 'catinga' nauseated me; I couldn't do it."
And he explained to me that "catinga" is what they call the stench
given off by the sweaty skin of the Negro.

And in that regard, I am reminded now
that once, in Kowloon, beyond Hong Kong,
a Chinese whore told me (and she laughed and laughed),
that the *nau sôc*, as they call the Portuguese
(literally translated, can you imagine, the stench of a cow),
even when bathed always stink of death.

But putting aside the matter of body odors,
which are, agreed, anti-poetic,
we notice rather, that with the best of those letters
saved by my great-grandmother and my mother
and that I now, moved at moments, have gone on reading;

reparemos, dizia eu, que é Maio e a manhã
acordou azul e florida, cheirosa, musical
como a dança dos passos das raparigas quando
ainda não sabem (ou não querem saber) que a vida
também é muita vez o mais amargoso que vem
nas tais cartas que são (elas só) a memória que resta
de tantos mortos meus tão mortos como esquecidos.

we notice, as I was saying, that now it is May and this morning
awoke all blue and flowery, sweet-smelling, musical,
like the step-dancing of girls when
they still do not know (or do not want to know) that life,
too, is often the bitterness that comes
in those letters which are (they alone) the sole memory that
    remains
of so many of my dead ones, as dead as they are forgotten.

MEMÓRIAS

À memória de António Dacosta
que, pintor e poeta, sabia de
sereias e tritões como meu avô
José Laureano

1
Perdi os nomes da inocência.
A ignorância,
continuo a aprendê-la.

2
Tinem campainhas
no azul novo da manhã.
Vacas a caminho das relvas.

3
A mesa está posta. Come
como quem beija
o pão duro da vida.

MEMORIES

To the memory of António Dacosta
who, painter and poet, knew about
mermaids and tritons as did my grandfather
José Laureano

1
I lost the names of innocence.
My ignorance,
continued and learned it.

2
Bells tinkle
in the new blue of morning.
Cows on the way to grass.

3
The table is set. Eat
as one who kisses
the stale bread of life.

CANÇÃO MEIO-TONTA

Este quase murmúrio,
que se repete, insiste;
esta música antiga,
que, tão débil, mal se ouve—

onde a escutei, num tempo
que nem sei bem se foi?
(E os retratos, no álbum,
que ao seu soar sorriem?)

Dir-se-ia que morre
e morrendo revive
o vago som, sem corpo,
da música d'outrora.

(A caixa tem fendida
a tampa onde a pintura
figura uma menina.)
Dói-me esta pobre música.

IV-1970

This quasi-murmur,
that repeats itself, insists,
this ancient music,
that, so faint, hardly heard—

where did I listen to it, in a time
that I don't even know took place?
(And the photographs, in the album,
that at the sound smile?)

One might say it dies
and dying it revives
the vague sound, bodiless,
of music of another time.

(The box has a split cover
on which is painted
a young girl.)
It hurts me, this poor music.

IV-1970

Em Macau, no jardim da Gruta de Camões, todas as tardes se juntavam os velhos chinas da vizinhança, trazendo consigo as suas gaiolas de pássaros cantores. Conversavam, jogavam. Mas o principal era ficarem ali até se anunciar a noite, ao fresco da sombra esverdeada, com as gaiolas dos pássaros penduradas nas árvores.

Um dos velhos acocorava-se diante da sua gailoa, com um rouxinol. E em silêncio, de cócoras e sempre silencioso, os olhos fitos na ave cativa, assim lhe lembrava—isso seria, continuo a pensar—que o seu destino, conforme à lei dos deuses, é cantar ao morrer dos dias entre árvores de ramos impossíveis.

À boca da gruta, no tope do seu pedestal, o poeta parecia não saber se era ali outro velho china ou, como os pássaros cantores, um prisioneiro. Atrevidas, as pombas em liberdade iam pousar-lhe nos ombros e na cabeça.

In Macau, in the garden of the Grotto of Camões, every afternoon there gathered the old "chinas" of the neighborhood, bringing with them their cages of songbirds. They talked, played at games. But the main thing was that they remained there until dusk, in the cool of the verdant shadows, with the cages of the birds hanging in the trees.

One of the old men would get down on his haunches in front of his cage with a nightingale. And silently, always on his haunches and always silently, his eyes fixed on the captive bird, he would remember—it is what it would be, I continue to think—that his destiny, in accordance with the law of the gods, was to sing of the dying of days among trees of impossible branches.

At the mouth of the grotto, atop its pedestal, the poet seemed not to know whether it was another "china" old man or, like the songbirds, a prisoner. Boldly, pigeons would settle at will on his arms and head.

Antes, todas as viagens eram.
Agora, todas as viagens foram.
Mas restam aquelas outras, sonhadas:
o seu encanto, que permanece.

Os jornais, a rádio, a TV dão-me novas do mundo:
guerras, catástofes, fome, Alá que é (continua) grande
enquanto o Papa polaco, que não está em Meca
nem em Teerão, mas em Roma,
eleva aos altares o novo santo Escrivá
e um dia destes fará talvez a mesma coisa
ao também *maricón* Francisco Franco,
etc., etc., etc. . . .

Mas a isso, isso tudo, eu prefiro (até por higiene)
a convivência calada dos meus sonhos,
como aquele, permanecente, das viagens—
que já não me importa vir or não a fazer.

A tarde está no fim e o sol, lá fora,
é, com ela, apenas (até ver) o chá
que me preparo para tomar em sossego
como sempre faço a esta mesma hora,
eu e os fantasmas que à mesa me acompanham
e à desordem dos livros
atentos e calados fitando-nos.

Before, all voyages were now.
Now, all voyages were then.
But there remain those others, dreamt:
their enchantment, which remains.

Newspapers, radio, TV give me the world's news:
wars, catastrophes, hunger, Allah who is (continues to be) great
while the Polish Pope, who is not in Mecca or Tehran but in Rome,
elevates to the altar the new saint "Escrivá"
and one of these days will perhaps do the same
for the (also) pansy Francisco Franco,
etc., etc., etc. . . .

But to this, all this, I prefer (for hygiene, if nothing else)
the silent company of my dreams,
like that continuing one—of voyages
that no longer matter to me whether I get to make them or not.

The afternoon is coming to an end and the sun, out there,
is, like the afternoon, merely (for now) the tea
that I prepare myself to drink peacefully
as I always do at this self-same hour,
me and the apparitions that sit at table with me
and at the disorder of books,
attentively and silently staring at us.

ACABADO, MAS NÃO TANTO

Ao Alberto Ferreira

Agora restam-me só dois dentes
e a vista já não é o que antes era;
às vezes sofro de azias e náuseas
e vêm dias, como hoje, em que nem reparo
nas mulheres em flor que passam a meu lado.

É Fevereiro ainda, mas o tempo
é como se já fosse a Primavera:
um dia de sol, com flores coroando árvores
no jardim à beira de que estou parado
esperando um autocarro que não chega mais.

Olho as árvores enflorando, a relva verde-tenro,
e também uma nuvem que o sol da tarde
faz mais clara no azul claro do céu.
Vejo isto, e vendo-o esqueço
os dois dentes que só tenho, um deles cariado,
a vista baça e tudo o mais que diz
que o meu corpo envelheceu—
como ainda há poucos dias me lembrou o gesto
da rapariga que quis dar-me
o seu lugar no eléctrico à cunha,
de manhã à hora de a caminho do emprego.

Sim; o dia parece mesmo de primavera
e com isso apetece estar vivo, embora
sabendo que os anos andaram sobre o corpo que temos
e não renovamos, com rebentos e flores,
como as árvores que vou vendo enquanto não chega
—vem aí, finalmente!—
o autocarro que há bocado espero.

Abalando, esqueço de todo os dentes que já mal tenho
e a minha memória, nova agora como a tarde clara,
não tem fundo para além do dia de hoje
e das flores do jardim de há pouco.

Sim; mas há as coisas que às vezes me lembram
(e nem sempre sem que doa ou amargue)

DONE FOR, BUT NOT QUITE
To Alberto Ferreira

Now I've but two teeth left
and my eyesight is no longer what it used to be;
sometimes I suffer from heartburn and nausea
and there are days, like today, when I don't even notice
women in their prime who pass alongside of me.

It's still February, but the weather
is as if it were already spring:
a day of sun, with flowers crowning the trees
in the garden at the edge of which I am standing
waiting for a bus that never comes.

I look at the flowering trees, the tender-green grass,
and a cloud as well that the afternoon sun
makes clearer in the clear blue of the sky.
I see this, and seeing it I forget
about the two teeth I have left, one carious,
my dimming eyesight and everything else that tells
me my body has gotten old—
just as a few days ago I remembered the gesture of the girl
who wanted to give me her place on the crowded streetcar,
in the morning rush hour.

Yes. This is like a spring day
and with that one has an appetite for life, though
knowing that the years have taken their toll on this body that is ours
and we do not renew, as do buds and flowers,
like the trees that I am looking at while it does not arrive
—here it comes, finally!—
the bus I've been standing here waiting for.

Excited, I forget completely the teeth that I have, just barely,
and my memory, new now like the clear afternoon,
has no bottom beyond this day
and the flowers in the garden of a moment ago.

Yes. But there are the things that sometimes remind me
(and not always without hurt or bitterness)
that I am no longer of the age when they would tell me

que já não tenho a idade em que me diziam
—Pedro, vê lá o que fazes, toma juízo!

(Olhem, por lembrar:—esta manhã gostei de ver
como o meu canário começava o seu dia cobrindo
a canária que anteontem lhe pus na gaiola e agora
é a razão por que não me acorda como dantes, cantando.)

—Pedro, watch what you're doing, grow up!

(Listen, it just occurs to me:—this morning I enjoyed seeing
how my canary began his day covering
the canary that the day before yesterday I put into his cage and that now
is the reason he doesn't wake me up as he used to with his singing.)

OUTRA ARTE POÉTICA

A Poesia?
Procura-a também onde tu sabes
que não existe poesia.

Poetry?
Look for it as well where you know
poetry does not exist.

ILHAS AVISTADAS

À memória de Jorge de Sena,
açoriano de Lisboa, que tambèm
emigrou e jaz à vista de ilhas, na
Califórnia

1
Outra vez Porto Santo

A terra tem sede;
nuvens passam e vão-se.
O céu, azul de lado a lado,
e o sol, vermelho-lume no poente.

Virá a noite,
hão-de brilhar estrelas . . .
E a terra seca, sonhando:
—É a chova que vem?

Um dragoeiro, ouvindo-a,
não diz nada.

IX-1963.

2
Aeropoema de Tenerife

Alturas de Tenerife
ainda há pouco avistadas,
cinzento, roxo, castanho . . .
Agora só tenho, azul,
o mar franzido, lá em baixo.

Sei que era Tenerife.
De Tenerife não sei
nem do seu gofe provei.

VI-1973

34

ISLANDS SIGHTED

In memory of Jorge de Sena,
a Lisbon Azorean, who also
emigrated and now lies within
sight of islands off California

1

Once Again Porto Santo

The land is thirsty;
clouds drift by and away.
The sky, blue from end to end,
and the sun, fiery red in its setting.

Night shall fall,
the stars shall shine brightly . . .
And the land, dry, dreaming:
"Is it going to rain?"

A dragon tree, hearing the question,
says nothing to the land.

IX-1963

2

Aeropoem of Tenerife

In the vicinity of Tenerife,
sighted just moments ago,
gray, purple, brown . . .
Now about me, blue,
a plaited sea down below.

I know it was Tenerife.
Of Tenerife I know not,
not even a taste of its "gofe."

VI-1973

3
Lantau

Alta, longa de passar, fez-me lembrar S. Jorge.
Mas muito menos verde e sem ribeiras descendo-a

Desta ilha, aonde não fui (nem a Lamma ou Peng Chau),
o pouco que conheço, fora vê-la, ferozmente bela,
é ter lido que estiveram lá, mas poucos anos,
os Portugueses quando chegaram a Macau.
No alto de um monte, li também, tem um templo
celebrando uma deusa de que não fixei o nome:
só que à sua roda são imensos os macacos,
a respeito dos quais os prospectos turísticos,
com um humor saborosamente *british*,
avisam que estejamos atentos à sua manha,
ladrões como outros iguais não há no mundo.
Enfim, diz o folheto do Hong Kong Tourism Office,
Lantau não tem em si que ver senão aquele templo
e, porque não?, os seus macacos ladravazes.

Desgostou-me, é verdade, e ainda agora lamento
não ter ido a Lantau. Exactamente por causa
daqueles macacos, que eu pensara comparar
(como ladrões, mais nada) a esses outros
praticantes do ofício em Lisboa e Sevilha.

Ao sul, no fim do mar, como dois pães queimados
as ilhas dos Ladrões, onde não há, desabitadas,
nenhuns macacos, a que devam o seu nome.
E nem é certo se são chinesas ou inglesas.

8-X-1979.

4
Amanhecer em Loma Alta

Há uma ilha ao longe, que não sei
se é Santa Cruz ou Santa Rosa.
Meu pai falava era de Santa Catalina,
aonde foi uma vez, e dizia que dava
melancias tão boas que só no Corvo.

3
Lantau

High, long in crossing, it reminds me of the island of St. George.
But far less green and without the brooks streaming down its sides.

Of this island, to which I did not go (nor to Lamma or Peng Chau),
the little I know, beyond having viewed it, fiercely beautiful,
is to have read that the Portuguese were there, but for only a few years,
when they got to Macau.
Atop a hill, I also read, there is a temple
celebrating a goddess the name of which did not stick with me:
only that around her there are many monkeys,
respecting which they advise touristic prospects,
with savory British humor,
that we be attentive to their tricks,
for nowhere else in the world are there thieves equal to them.
In short, says the Hong Kong Tourist Office pamphlet,
there is nothing to see in Lantau other than that temple
and—why not?—its larcenous monkeys.

It displeased me, it's true, not going to Lantau,
and I still regret it. Precisely because
of those monkeys, that I would have liked to compare
(as thieves, nothing more) to those other
practitioners of the trade in Lisbon and Seville.

To the south, at the end of the sea, like two scorched loaves,
the islands of Thieves, where, uninhabited,
there are no monkeys, who might have given them their name.
And it is not even certain whether they are Chinese or English.

4
Daybreak in Loma Alta

There's an island so long that I do not know
if it's Santa Cruz or Santa Rosa.
What my father used to talk about was Santa Catalina,
where he visited once, and he would say that it grew
watermelons matched only on Corvo.

I think it was Cabrilho who discovered

Penso que foi Cabrilho quem achou
estas ilhas chamadas de Santa Bárbara,
mas não sei se foi ele ou Frei Junípero
quem ensinou os índios (que já não há)
a cultivar as melancias que meu pai gabava.

A ilha é só uma sombra verde-escura
na névoa pálida da manhã do Outono.
Faço de conta que é a minha e que vou para lá
andando por meus pés sobre o mar cor-de-cinza.

Santa Bárbara (Califórnia)
e Londres, 26/31-X-1985

5
Nocturno de Alboran

Havia também uma estrela no céu
da primeira viagem de que me lembro.
Esta é talvez a mesma estrela,
mas o mar é outro
e outro o farol e as derrotas que facheia.

A brisa traz-me (ou imagino)
os cheiros do tomilho e dos figos lampos
da figueira que um faroleiro plantou
e é a única árvore que existe
nesta ilha onde as aves de arribação
em suas idas e vindas entre a África e a Europa
de um dia para o outro descansam.

Eu é que nunca hei-de dormir
nem ao menos sentar-me um bocado
à sombra da figueira que como eu dizia
é a única árvore de Alboran,
ilha ou ilhota que outra vez de noite
deixo atrás por bombordo
indo de Málaga para Melilha.

10-VI-1990

these islands called Santa Barbara,
but I don't know if he was the one or Friar Junipero
who taught the Indians (who are no longer there)
to grow the watermelons that my father praised.

The island is just a dark-green shadow
in the pale mist of this autumnal morning.
I imagine that it is my island and that I am going there
by foot over an ash-colored ocean.

Santa Barbara (California)
and London, 26/31-X-1985

5
Alboran Nocturne

There was also a star in the sky on the first voyage that I remember.
This one may be the same star, but it is another sea and another
beacon and the disasters that it illuminates.

The breeze brings me (or so I imagine)
the odors of thyme and of the early figs
from the fig tree planted by the lighthouse keeper
and it is the only tree that exists
on this island where the birds of passage
on their goings and comings between Africa and Europe
rest from one day to the next.

I'm the one who will never sleep under
or not even sit for a while
under the shade of the fig tree that as I was saying
is the only tree in Alboran,
island or islet that once again at night
I leave behind on the port side
going from Málaga to Melilha.

10-VI-1990.

6
Salamina

Em Poros a casa que já não é dos Calokouvaros
tem na frontaria uma lápide onde se lê
que em 1821 foi a sede
do primeiro governo livre da Grécia.
Memora o conde de Capo d'Istria,
mas ignorou o seu encontro com Byron.
Que a história é assim mesmo: lembra esquecendo.

À tarde,
na volta para o Pireu,
de novo, largados de Égina, os meus olhos buscaram
a costa, rochosa deste lado, de Salamina.
Queria perguntar àquelas pedras, que são do tempo,
e ao mar ensoalhado do Sarónico se ainda
sabem de Temístocles e de Aristides,
já não falando em Xerxes, por ser persa.
Mas calei-me, não desejando ouvir dizerem
que, dos que lá vivem, só alguns raros albaneses
conhecem o nome do primero e supõem ter sido
um deles, camponês velho guardador de cabras.

Ésquilo, que era de Elêusis, além da baia,
só pôde contar-me o que foi
e ainda assim com grandes falhas de memória.

Atenas e Lisboa, 23/30-VI-1996

6
Salamina

In Poros the house that no longer belongs to Calakouvaros
has on its façade a stone where one can read
that in 1821 it was the seat
of the first free government in Greece.
It remembers the Count de Capo d'Istria,
but it is silent on his meeting with Byron.
History is like that: it reminds as it forgets.

In the afternoon,
on the return to Pireu,
once again, with Égina behind us, my eyes search out
the coast, rocky on this side, of Salamina.
I'd like to ask those rocks, which belong to time, and the
overheated sea of Sarónico, if they still know about Temistocles and
Aristide, not to mention Xerxes, since he's Persian.
But I kept quiet, not wanting to hear them say
that, of those who live there, only some stray Albanians
recognize the name of the first-named and suppose him to have been
one of them, an old peasant keeper of sheep.

Aeschylus, who was from Elêusis, beyond the bay,
alone was able to tell me what was
and then not without great lapses in memory.

Athens and Lisbon, 23/30-VI-1996

FOTOGRAFIA

Sentados na banqueta (sempre a mesma) da praça
falam do tempo,
das suas dores também.

Quando um que não veio não virá nunca mais
os que estão entreolham-se,
cada um à espera que outro seja quem diga.

Os que passam murmuram:
—Lá estão eles, os velhos.

PHOTOGRAPH

Sitting on the bench (always the same one) in the square
they talk about the weather,
and of their complaints, too.

When one of them has not come and will never come again
those who are there eye one another,
in the hope that one of the others will say it.

Passersby mutter:
"There they are, the old men."

4
A água do poço, quieta.
E uma eiró que desliza
para a treva do fundo.

5
Na calma azul do dia
um pessegueiro florido.
Eterno e efémero.

4
The water in the well, quiet.
And an eel that slips
down to its dark depths.

5
In the calm blue of the day
a flourishing peachtree.
Eternal and ephemeral.

PRIMAVERA

Ao Luís Fagundes Duarte

O vento esperta,
varre a terra e os pensamentos
adormecidos na minha cabeça.
Desde ontem, parece
que estas ervas cresceram.

Março:
entre as tuas mãos frias
o mundo é lume.

SPRING

To Luís Fagundes Duarte

The wind starts up,
sweeps out the land and the thoughts
dormant in my head.
Since yesterday, it seems
that this grass has grown.

March:
in your two cold hands
the world is flame.

PAISAGEM (COM BICHOS)

Só as aves não sabem
que este lugar é um ermo.
Só as queirós e o vento
desconhecem que é triste.

Uma cabra, metódica,
traça os olhos das silvas.

LANDSCAPE (WITH ANIMALS)

Only the birds do not know
that this is a wilderness.
Only the heather and the wind
refuse to see its sadness.

Methodically, a goat
keeps its eye on the brambles.

NATUREZA MORTA
A Ivo Machado

A taça
(verde-claro)
com
três laranjas.

E a jarra:
uma rosa
que desfolha
na toalha.

Depois
o Buda
e o seu
riso gordo.

—Imagino que pensa
que é o tempo das cerejas.

STILL LIFE
To Ivo Machado

A cup
(light green)
containing
three oranges.

And the vase:
one rose
that sheds its petals
on the tablecloth.

And then
the Buddha
and its
fruitful laugh.

—I imagine that it thinks
it is the time for cherries.

Azul
e sol.
E geleiras nas cimas.
Mais em baixo e mais perto
ovelhas—que se movem
no verde pobre das ladeiras.
Mais perto ainda
casas e uma
igreja ao meio delas alta e escura.
E já raso, a campina a ambos os lados
do comboio que caminha e não sabe
como se chama aquele povo
nem a serra que o limita sobre o norte
e que eu também não sei como lhe chamam.

Deixo-vos, solidões de Castela-a-Nova
onde decerto nunca hei-de
imprimir na poeira ou na lama dos vossos
altos atalhos e canadas as marcas
logo apagadas dos meus sapatos.
E indo-me, passageiro para quem
toda a paisagem foi só avistá-la
da janela de um comboio largado,
sequer sei se amanhã
ainda os meus olhos guardarão
e dentro em mim restará
a imagem de eterno que me destes.

Blue
and sunny.
And glaciers on the summits.
But down below and closer
sheep—which move
in the sparse green of the slopes.
Even closer
houses and a
church in their midst rising tall and dark.
And now at ground level the plain on both sides
of the moving train that does not know
what those people call themselves
or that of the mountain range restricting it over the north side
and that I, too, do not know what they are called.

I leave you, wilds of Castela-a-Nova,
where it is certain that I shall never
imprint in the dust or the mud of your
high byways and paths the marks
soon erased of my shoes.
And going on, a passenger for whom
all the landscape was to view it
from a window from a setting-out train,
I hardly know if tomorrow
my eyes will still hold
and within me will remain
the image of the eternal you have given me.

6
Um gato: os seus olhos
minando a noite.
Não perguntam; defendem-no.

7
"Há—tu disseste—
sinais de ilhas no teu olhar."
Sei só que me tornei nómada.

6
A cat: its eyes mining the night.
They do not ask; they defend him.

7
"Ah," you said,
"signs of islands in your look."
I know only that I turned nomadic.

A mão sobre o mapa
não viaja,
interroga.
Mas chegar à luz dos teus olhos
é entrar no porto
o navio que deram por perdido.

A SMALL INFINITE POEM

The hand on the map
does not travel,
it interrogates.
But to arrive at the light of your eyes
is to have enter port
that ship given up for lost.

TROVA

Ao João Afonso

E as meninas cantavam
seguindo na sua roda:
Teresinha de Jazus
deu ũa queda, foi ao chão . . .
As meninas cantavam
e a Primavera acordava
molhada, verde, florida.

Mas onde foi que isso foi,
esta roda e este canto
das meninas indo nela?
E o cheiro a alecrim
e a rosas-de Alexandria
que só de o lembrar agora
tudo embalsama outra vez?

As meninas cantavam
e o sol vinha escutá-las:
Tanta laranja-da-China,
tanto limão, tanto p'rigo! . . .
O sol e os Três Cavaleiros,
todos três em reverência
com os seus chapéus na mão.

Tanta laranja caída,
tanto limão pelo chão! . . .
O sonho, descubro-o vazio,
e as meninas, não nas vejo:
desmanchou-se a sua roda
e os tais Três Cavaleiros
lá se foram, p'lo mar fora.

Mas onde agora as meninas,
onde, que não nas descubro?
Morreria a mais bonita,
que era segunda na idade?
E a morena, d' olhos verdes,
se viva é, onde está?

BALLAD
To João Afonso

And the little girls sang
turning in a ring:
Teresinha de Jazus
took a fall, hit the ground . . .
The little girls sang
and Spring awoke
wet, green, flowery.

But where was that,
that ring and this song
of little girls going round?
And the scent of rosemary
and of "rosas-de-Alexandria"
that just in remembering it now
suffuses everything anew?

The little girls sang
and the sun came to listen:
So many of the sweet oranges,
so many lemons, so much danger! . . .
The sun and the Three Cavaliers,
all three, courteously,
with their hats in their hands.

So many fallen oranges,
so many lemons on the ground! . . .
The dream, I find it empty,
and the little girls are not to be seen:
dissolved is the ring
and those Three Cavaliers
gone, off over the sea.

But where now the little girls,
now, that I cannot find them?
Did the prettiest one die,
the one second in years?
And the dark one, with green eyes,
if she's alive, where is she?

Pergunto, não me respondem.
Que ninguém sabe que é delas.

Aquelas lindas meninas
que eram três, ou talvez quatro . . .
—*Tanto sangue derramado*
dentro do meu coração.

I ask, but no one answers.
No one knows what's become of them.

Those pretty little girls
who numbered three, or maybe four . . .
—*So much blood pumped
through my heart.*

REGRESSO

Olho o mar. Olho o céu. Azuis.
A tarde morre. Refresca.
No jardim as árvores
embalam devagar as verdes cabeleiras,
digo, os ramos,
melhor, as folhas—o seu verde.
As rosas
de repente parece que despertam,
e por isso cheiram.
Escuto o grasnido
das aves no tanque, que não sei
se são gansos.
Os peixes vermelhos
alvoroçados desfecham
para o mais escuro do fundo.

Tudo como quem embarca
para o último porto da memória.

RETURN

I look at the sea. I look at the sky. Both blue.
The afternoon expires. It cools off.
In the garden the trees
swing slowly their green tresses,
I mean, their branches,
or better, their leaves—their greenery.
The roses,
suddenly, appear to stir,
and thus their odor.
I listen to the honking
of the birds in the tank, not knowing
if they are geese.
The restless red fish
scud to the darkness
of the bottom.

All this like one who sets out
for memory's last harbor.

Em toda a roda, até onde o céu e a terra apègados dir-se-á que formam uma redoma, é campina rasa, lavrada aqui de fresco, bravio acolá. Ao meio, uma árvore sozinha: um pinheiro-manso, parece, enorme.

Mas vendo melhor, a árvore não está só. Mais lá, a terra encova-se numa mancha verde-clara de ervas e arbustos: os sinais de uma nascente, a que vão beber e banhar-se as aves cujo resguardo das calmas da tarde e do relento da noite é a rama do pinheiro.

Tempo em tempo passa ali, e brevemente pára descansando, algum pastor com as suas cabras e ovelhas.

All around everywhere, to where the sky and earth touch to form, it might be said, a bowl, it's cropped meadow, freshly mowed here, wild over there. At mid-distance a single tree: an Italian stone pine, it appears, immense.

But on a second look, the tree is not alone. Farther on, the land drops into a light green patch of grass and brush: the sign of a spring, where birds come to drink and bathe and whose protection during the afternoon calm and the night air is the pine's foliage.

From time to time there passes there a shepherd with his goats and sheep and stops, briefly, to rest.

8
Todo dourado,
parece que me fita
o peixe na redoma.

9
E porque tudo é memória,
como a rapa-de-pedra
deslembremos.

10
Basta-me este mínimo verde
e a casa diante do mar.
—Bates, coração?

8
Golden overall,
the fish in the bowl
seems to be eyeing me.

9
And because all is memory,
like flakes off stone
we disremember.

10
It is enough for me this least bit of green
and my house facing the sea.
—My heart, does it beat?

MENINA COM UM PAPAGAIO

Ainda na sua mão
que lhe dirá a ponta do barbante
de como se vê o mundo
com os olhos do vento?

LITTLE GIRL WITH A KITE

Still in her hand
what will the point of the twine
tell her about how to see the world
with the wind's eye?

Saído de Batávia fugido, desertor procurado
do exército colonial holandês,
Jean-Nicolas Arthur Rimbaud, de vinte
e dois anos de idade e francês de nação,
que não sei se viajou como passageiro
ou (pagando assim a passagem) matalote engajado
do clíper inglês que aceitou trazê-lo para a Europa
e que fez, passado o Índico, escalas no Cabo
e Santa Helena e a Ascensão e o Faial,
onde aportou em não achei que dia
do começo de Outubro de 1876;
Jean-Nicolas Arthur Rimbaud, já dito,
vagabundo, poeta (ainda?),
não escreveu que se conheça
tão-pouco uma carta à família em que conte
como era a Horta naquele tempo.
E também, infelizmente, nenhum dos três
jornais que havia na pequena cidade ship-chandler
deu notícia de que ele a visitava (ou visitara)
nem de modo indirecto denunciou a sua passagem por lá,
por exemplo relatando alguma desordem
na Rua Velha ou na Rua do Mar.
Se bem que acolhendo as musas, os jornais da Horta
normalmente evitavam (quanto possível)
trazer nomes de criaturas como as Paciências,
a Cordeira, as Blicas, a Aparquinha, a Madraça,
criaturas afinal tão filhas de Deus como o poeta Rimbaud,
que, calem-se ou digam-no hipotéticas inéditas crónicas,
foi a casa de alguma delas,
sabedor decerto do preço em boa conta
dos seus rimiformes predicados.

Leaving Batavia a fugitive, a hunted deserter
from the Dutch colonial military,
Jean-Nicolas Arthur Rimbaud, twenty-two
years old and a French national,
who traveled I do know, whether as a passenger
or (thus paying for his passage) as an impressed sailor
on an English clipper that agreed to bring him to Europe
and that stopped, after the Indian Ocean, at the Cape
and Saint Helena, at Ascension and Faial,
where he came ashore on I did not find out which day
at the beginning of October 1876;
Jean-Nicolas Arthur Rimbaud, as I've already said,
a vagabond, a poet (still a poet?),
wrote nothing as far as anyone knows,
not even a letter to his family in which he tells
what Horta was like at the time.
And also, unfortunately, not one of the three
newspapers in this small ship-chandler city
noticed that he was visiting (or had visited),
not even in an indirect way, announcing his passing through,
by relating, for example, some disturbance
in the Rua Velha or the Rua do Mar.
If they harbored the Muses well, the newspapers of Horta
normally avoided (whenever possible)
carrying the names of creatures like the Paciências,
Cordeira, the Blicas, Aparquinha, Madraça,
creatures who in the final analysis were as much daughters of God
    as the poet Rimbaud
who felt they should be quiet or deal hypothetically in unpublished
    pieces
went to one of their houses,
knower of the right price,
knower for certain of the fair price
of their talented rimiforms.

O PRESÉPIO

Ao José Orlando Bretão

O Menino, só agora dou por isso, tem o dobro do tamanho da
Senhora, de José e do três do Oriente montados em seus camelos.
Mas o boi e a burrinha são à medida dos pastores do colóquio
que tia Ana lia antes de irmos para a missa-do-galo e que tinham
nomes Cosme Fernandes, Rebeca Dias, Jorge Nunes ou Gil da
Costa e Páscoa Gomes.

Os pastores vêm vindo pelo atalho do outeiro, tal e qual na voz e
o movimento da mão de tia Ana. Cosme, à frente, carrega às costas
um cordeiro branco, e não sei bem se, acompanhando-o, é Rebeca
a da galinha sobre a cesta de ovos. Ou sera antes Páscoa? Ou
Bárbara Mendes, de quem me esqueceu dizer? A bilha, certamente
de mel, é Gil que a leva pegando-lhe pel asa. E o cão caminha
atrás, companheiro de Jorge Nunes, o mais velho e que se arrima
ao seu bordão. Um instante, descubro que a estrela guiadora, com
o seu fulgor de prata, não é senão—como parecem segredar os dois
anjos—a alma de outro pastor, que lá cima se fez luz entre as luzes
do céu. Mas é enorme a estrela: quasi tamanho do Menino em seu
berço e também a cabana atrás dele. Aos lados, nos seus pires azuis,
os trigos verdes sonham que lhes dá a aragem do campo e fazem
ondas. A rapa-de-pedra cheira ao enrabiado da manhã em que
minha mãe a foi apanhar.

Tem ocasiões, como agora, parece que cantam além dos
galhinhos de zimbreiro e murta que fazem o mato do outeiro. Mas
tão ao longe, que não se percebe se ainda na terra, ou já no céu. E
eis me lembra agora os nomes dos reis: Gaspar, Baltasar e Belchior,
este o preto e que deles três era aquele de quem eu mais gostava.
Está virado (virou-se agora mesmo) para mim, os seus dentes muito
broncos no riso jovem, os olhos dois lumes celestes. Já se sabe: no
sonho os figurantes não são nunca barros pintados.

THE CRECHE
To José Orlando Bretão

The Child, I have just noticed, is twice the size of the Lady, Joseph, and the Orient-three mounted on their camels. But the bull and the little burro are of the size of the shepherds of the colloquy that Aunt Anna read before we attended midnight mass and who were named Cosme Fernandes, Rebeca Dias, Jorge Nunes or Gil da Costa and Páscoa Gomes.

The shepherds had come by the short-cut in the knoll, as signaled by the voice and motion of Aunt Anna's hand. Cosme, in the lead, carried on his back a white lamb, and I'm not sure, but with him is Rebeca of the chicken over the basket of eggs. Or, rather, is it Páscoa? Or Bárbara Mendes, whom I forgot to mention? The pot, surely of honey, it is Gil who carries it, holding it by the handle. And the dog walks along in the rear, companion to Jorge Nunes, the oldest one and who supports himself with his staff. One instant I discover that the guiding light, with its splendor of silver, is only— as the two angels seem to whisper secretly—the soul of another shepherd, one that up above has turned into light amidst the lights of the sky. But the star is enormous: it's almost the size of the Child in its crib as well as the shack behind him. On both sides, in their blue saucers, green wheat dreams that the breezes of the field motion them into waves. The rapa-de-pedra crackles in the morning babble into which my mother goes to pick it.

There are times, like now, when it seems that there's singing beyond the little branches of juniper and myrtle which make up the wild growth of the hills. But it is so far off that one cannot tell whether it is still of this earth or comes from the sky. And now I remember the names of the kings: Gaspar, Baltasar, and Belchior, the last a black and the one I liked most of the three. He is turned towards me (having turned this very moment), his very white teeth in a youthful grin, his eyes two celestial flames. It's well known, of course, that in dreams figures are never made of painted clay.

11
Dois corpos que se enlaçam
sobre a areia.
—Nunca a vida foi mais vida.

12
Chamam-se bocas-de-lobo.
Eu digo flores
e delicada inocência.

MEMORIES

11
Two bodies wrapped in each other
in the sand.
—Never was life more life.

12
They call them wind-forecasting clouds.
I say flowers
and delicate innocence.

TESE E ANTÍTESE
A Fernando J. B. Martinho

No dia 3 de Março de 1878 perto de Hobart, na Tasmânia, morreu
   David, homem de cor, de idade ignorada mas muito velho.
Vivia só, numa cabana que ele próprio constuíra.
Enquanto pôde cultivou uma horta e do que ela dava e da caça
   tirava o seu sustento.
Diziam que tinha sido antropófago e quando lhe perguntavam que
   sabor tinha a carne humana ele ria e respondia que era a melhor
   de todas as carnes.
Concordava com os que diziam que o seu povo era selvagem mas
   não entendia a razão do extermínio.
Os outros, que não comiam carne humana e adoravam um deus
   melhor que os seus deuses,
tinham feito morrer toda uma raça.

THESIS AND ANTITHESIS

To Fernando J. B. Martinho

On March 3, 1878, near Hobart, Tasmania, David, a man of color, of
   uncertain age but very old, died.

He lived alone, in a shack he had himself built.

As long as he was able he cultivated a garden and from what it
   yielded and from hunting he sustained himself.

They said he used to be a cannibal and when he was asked about
   the taste of human flesh, he laughed and replied that it was the
   best of all meats.

He agreed with those who said that his people were savages but he
   did not understand why extermination.

The others, who did not eat human flesh and adored a God greater
   than their gods, had brought about the death of an entire race.

ÚLTIMO REGRESSO
(Elegia)

Com os seus malvões, e a amoreira, a magnólia,
—estas duas talvez da minha idade—
o pátio à frente imitava
uma varanda corrida sobre o mar, a oeste.

Subo o caixilho da janela e fico a olhar
para isto que tanta vez eu vi mas hoje sinto
alheio, ou, quem sabe?, inimigo.

Os retratos ainda estão, como estavam,
entre ouros de moldura nas paredes;
e a cadeira-de-embalar (com um braço partido)
dorme entre sombras no canto onde a deixaram.

Volto-me outra vez para a janela aberta.
Liso, calado, azul nítido, o mar
é, sem mais nada, mar até ao último fim.

Um instante parado
entre os craveiros que resistem no quintal,
um gato espreita-me,
estrangeiro que lhe sou em minha casa.

THE LAST RETURN
(Elegy)

With its mallows, mulberry, and magnolia trees
—the last two possibly my age—
the patio at the front imitated
a running veranda over the sea, to the east.

I raise the window sash and stand there looking
at this that I so many times looked at but today
feel strange or, who knows, inimical.

The pictures are still here, as they were,
in gold frames on the walls,
and the rocking chair (with one arm broken)
sleeps in the shadows in the corner where they left it.

I turn again to the open window.
Smooth, quiet, bright blue is the sea,
nothing but sea to the very end.

Still for an instant
among the carnations that hang on in the garden,
a cat watches me,
stranger that I am to him in my own house.

BIBELOT

Sobre a estante,
entre um riquexó
e uma urna marajoara,

que viagens sonha,
que mares abertos
e que brisas?

—Chamo-lhe o navio.

BIBELOT

On the stand,
between a rickshaw
and a Marajoaran urn,

what journeys does it dream,
what open seas
and what breezes?

—I call it the ship.

AUTOPSICOGRAFIA

Lembro-me, mas muitas vezes duvido
de que o lembrado aconteceu.
Há talvez um excesso de prudência
(ou recato?) em lembrar-me.
E além disso penso
que demasiadas vezes
me enganei e
   (pior)
quase sempre naquilo
que no fundo eu mais amava.
E nem é raro confundirem-se
dentro de mim os nomes
(suas caras)
entre vagas
difusas músicas
que de repente acordam
as paisagens queridas
(as da infância, por exemplo)
com vultos caminhando
e que em mim
nítidos crescem
   mas que logo
se apagam.

Em conclusão (por agora) confesso
que fui sempre,
com a cabeça cheia de fábulas
e nenhum jeito para o prático,
um muito mau fisionomista.

AUTOPSYCHOGRAPHY

I remember but many times I doubt
that what is remembered took place.
There is, perhaps, an excess of prudence
(or caution?) in recalling it.
And in addition I think
that too many times
I have fooled myself and
(worse)
nearly always in the thing
that at bottom I most loved.
And not rarely is it within me
to confound the names
(their faces)
with music
in diffuse waves
that suddenly quicken
the cherished scenery
(those of childhood, for example)
with personages walking
and which in me
grow decidedly clear
but which go
right out.

In conclusion (for now) I confess
that I was always,
with my head full of fables
and no talent whatsoever for the practical,
a very bad physiognomist.

13
Deixemos-nos de metafísicas:
se as estrelas brilham
estão cumprindo o seu dever.

14
Numa
palavra,
amor.

13
Let's forget metaphysics:
if the stars shine brilliantly
they're merely doing their duty.

14
In a
word,
love.

AGORA, VELHO
(Solilóquio num domingo de chuva)

Agora,
velho, sentindo
que aperta em mim o tempo,
todos os anos torno às ilhas.

Não propriamente à minha, que já não tenho
lá ninguém meu e nada me chamando;
a outra, quyalquer delas: uma ilha, enfim, onde possa
sentir-me natural e habitando-a: com o mar
em roda e o som das vagas acordando
cada nova manhã o meu regresso.

Família, a minha é agora completamente
uma família de mortos
e ausentes; a casa,
desabitada
caíu;
    só me resta
oh memória implcável,
doer-me lembrando: essa espécie de, como quem diz,
vício,

vício ou doença
a que chamam saudade.
Mas esqueçamos. Porque doí
esqueçemos.

Chego
e é sempre igual
o ritual de chegar:
primeiro como, por exemplo,
um afonso de lapas ou, mais de pobre,
caldo de funcho e mangão com linguiça—
uma comida daquelas da infância, que me faça
imaginar que nunca
me fui, que fiquei sempre
onde nascido e sonhando-me
(tantas vezes sonhei)
aquele que vai, não tarda, corer terras . . .
Como e
acabando abalo: vou-me
pelas ruas

OLD, NOW
(Soliloquy on a rainy Sunday)

Old,
now, feeling
within me time's pressures,
I go back each year to the islands.
Not to my island, exactly, where there is no longer
anything of mine and nothing to call me back;
to another island, any one of the others; an island, in short, where
   I can
feel at ease, inhabiting it: with the surrounding sea
and the sound of the waves
each new morning awakening my return.
Family, mine is now entirely
a family of the dead
and the absent; the house,
uninhabited,
has collapsed;
all that remains
for me is that implacable memory,
the pain in remembered: that species of, as they say, habit,

habit or sickness
that they call *saudade*.
But we forget. Because it hurts
we forget.
I arrive
and it is always the same
the ritual of arrival:
first I eat, for example,
an afonso de lapas or, more in the manner of the poor,
a soup of funcho and mangão with linguiça—
that food from childhood that will make me
imagine that I never
left, that I remained always
where I was born and dreaming myself
(I so often dreamed)
the one who left, it is not long before the tears run down . . .
I eat and
finishing up, I go off: I go off down the streets
and roads,

e caminhos,
indago
uma a uma as feições
dos mais ou menos da minha idade, a ver
se nalguma descubro vivos
(ressuscitados?)
os vinte anos qu8e tive.
    E quando, sem nada
ter achado do que fui ou penso ter sido,
torno, cansado,
ao quarto de hotel
folheio a lita telfónica à procura
dos nomes que recordei caminhando.
Não telefono, porém: não quero,
absolutamente não quero ouvir dizer
que quem eu procuro morreu ou que é outro o do seu
mesmo nome na lista.
Depois, feito o mesmo
nos dois dias seguintes—mais não—,
refaço a mala e vou tomar
o avião que me retorne a ausente.
A isto, bem ou mal (tanto faz)
chamo a minha
futurição da morte. Mas sem nada
que pareça, em nada,
isso que chamam balanço à vida.
A minha, como todas,
às vezes teve bom, outras vezes
do pior: errada
e certa.
E acrescento, já que nisto do como foi,
que nunca usei pedir a Deus perdão
nem também prémio por meus feitos
mal ou bem.
Peço-lhe, isto sim, suposto existe e de igual
a igual, ambos humanos
(que também os deuses são)
e mortais,
me deixe
respirar, manear-me (como dizemos lá, isto é,
mexer-me), cantar e (enquanto dura
o tempo) foder em paz. Que além disto,

I seek
in one after the other the features
of those who are more or less of my age, to see
if in any of them I discover alive
(resuscitated?)
what I was at twenty.
     And when, without
having found what I was once was or thought I was,
I return, tired,
to my hotel room
I leaf through the telephone directory in search
of those names that occurred to me during my walk.
I do not telephone, however: I do not want,
I absolutely do not want to hear someone say
that the one I am looking for has died or that it is someone else
with the same name in the directory.
Afterwards, having done the same thing
on the two succeeding days—no more than that—
I again pack my bag and I will take
the flight that will return me to one of the absent.
This, for good or ill (it's no matter),
I call my
harbinger of death. But with nothing
resembling, in anything,
that which they call the stock-taking of a life.
Mine, like all lives,
was good at times, worse
at others: mistaken
and on the mark.
And let me add, on the matter of how it has gone,
that I was accustomed to asking God neither for forgiveness
nor for rewards for my actions,
good or bad.
I do ask Him, supposing He exists and as equal
to equal, both human
(the gods are that too)
and mortal,
to let me breathe, handle my affairs (as we say there, that is,
to move about), to sing and (before time
runs out) to fuck in peace. Beyond this,
now my last wish,
I ask of Him more than being free,

agora última vontade,
só lhe peço mais que podendo ser me livre,
achando-me poeta,
de chegar a célebre e ter a meu lado
sequer a sombra de uma Maria Kodama
ou, morto já, viúvas como as que não tendo tido tem
(descontando, é óbvio, esposas de aluguer)
um que se chamou Fernando Pessoa.
Morrer, sabe-se, morremos todos
e em lugar e hora imprevisíveis igualmente
—mas quanto mais pela calada melhor.
Enfim (agora concluindo), este poema
não é nem tencionei que fosse
nada que assim ou assado pareça
—oh circunstância e pompa vã!—
um testamento literário.

Em qualquer lugar, repito, podemos
inteiramente inventar
(imaginação havendo, pois claro),
nas paisagens que temos diante
ou nas feições de quem quer
se cruzou connosco no caminho,
tudo aquilo, belo e bom, amado,
que era
o que um dia deixámos
quando partimos e foi para sempre.

finding myself a poet,
to become celebrated and to have at my side
at least the shade of a Maria Kodama
or, when dead, widows like those he did not have
(not counting, of course, women for hire)
like the one who called himself Fernando Pessoa.
Dying, you know, is something we all do
at a time and in a place equally unforeseen—
but the more it comes on the sly the better.
Finally (and now I come to a conclusion), this poem
is not nor was it intended to be
in any shape, manner, or form—
oh, the vanity of pomp and circumstance—
a literary testament.

In any place whatsoever, I repeat, we can
entirely invent
(if we have imagination, of course),
in the scenes before us
or in the features of whoever
crossed our path on the road,
all that was beautiful and good, loved,
on the day, leaving it all behind, we left forever.

MEDITAÇÃO SOBRE A ETERNIDADE
(Imitado do chinês)
A António Osório

Das árvores que plantei
nenhuma já me pertence
e de quase todas nem comi
ou sequer vi os frutos.
Sempre soube que devemos morrer
e penso que é melhor
não se saber quando nem como.
E quanto ao que deixámos,
não se recorde de quem foi.
Que só assim somos eternos.

MEDITATION ON ETERNITY

(An imitation from the Chinese)
To António Osório

Of the trees I planted
not one of them belongs to me any longer
and from almost all of them I neither ate
nor even saw their fruit.
I always knew that we shall die
and I think it best
not to know when or how.
And as for what we leave behind,
not to remember to whom it belonged.
Only then are we to be eternal.

PARÁBOLA

A imagem daqueles chorões é mais nítida na minha memória que todo o jardim, sempre bem cuidado, e as casas em volta ou a rua, em baixo, onde giravam automóveis e carroças. Debruçavam-se para uma água inexistente ali, onde só tinham, à roda e próximo, relva e a bagacina do passadouro. Com um tristeza toda sua, uma tristeza que não há nos outros chorões em seus primitivos lugares de serem.

The image of those weeping willows is clearer in my memory than
the whole of the garden, always well cared for, and the houses
surrounding it or on the street below where automobiles and
carts moved about. They bent themselves toward water that was
nonexistent there, where they had, around them and nearby, grass and
the road's red dust. With a sadness all its own, a sadness that does not
exist in those other willows in their primitive places of being.

POEMA AUSENTE
Ao Álamo Oliveira

Às vezes ainda sonho que volto.
Primeira ilha subindo ao horizone:
garajaus e mar, rochas, fajãs, ribeiras,
árvores recortadas no azul do ar . . .
E então, acordando, canto:
canto até onde a negação se anula
mas não se abrem caminhos para a esperança.

Como os fonógrafos daquele tempo
as cassettes repetem o que ouviram;
e os heróis, não se esqueça,
apodrecem à sombra das estátuas equestres.

ABSENT POEM
To Álamo Oliveira

Sometimes I still dream that I return.
The first island rising in the horizon:
terns and the sea, rocks, *fajãs,* brooks,
trees cut off in the blue air . . .
And then, awakening, I sing:
I sing to the point where negation annuls itself
but there open out no roads to hope.

Like the phonographs of time past
the cassettes repeat what they have heard;
and heroes, you must not forget,
rot away in the shade of the equestrian statue.

ENTRESSONHO

Como agora,
o sol dourava a relva
e escutava-se
um igual rumor de água,
o respiro do ar entre as faieiras.

Como agora,
na manhã fresca e alta
que se veste
de verdes orvalhados
e janelas e portas de alegria.

. . . .

Rosa de fumo cega sobre a noite,
o seu vulto sumindo-se.

Ninguém diz nada.

DREAM VISION

Like now,
the sun turned golden the grass
and one heard
as well the murmur of water,
the breath of air among the beech trees.

Like now,
in the risen, fresh morning
that dresses itself
in green dew
and windows and doors of glee.

. . . .

Rose of smoke blind over the night,
its countenance deliquescing.

Nobody says a thing.

FINDA

Não ser mais que um cisco de terra: mas terra viva,
poeira
e aragem.
Ter um casaco feito de estrelas e sóis vagabundos
e um pouco de dia nascido dentro do coração.

FAST

To be nothing more than a speck of dirt: but living dirt
dust
and breeze.
To have a coat made up of stars and vagabond beings
and a bit of day born in my heart.

Poems from

The Island and the World
(A Ilha e o Mundo)

ILHA

Só isto:

O céu fechado, uma ganhoa
pairando. Mar. E um barco na distância:
olhos de fome a adivinhar-lhe, à proa,
Califórnias perdidas de abundância.

ISLAND

Only this:

Closed sky, hovering heron.
Open sea. A distant boat's hungering
prow eyeing forever those bountiful
Califórnias.

DIA DE VAPOR
Ao Manuel Lopes

Quando o vapor chega
é como se fosse dia santo na ilha

—o dia de San Vapor . . .

Os funcionários de Finanças,
o presidente da Câmara,
o conservador do Registo Predial,
o delegado e o juíz
e esses senhores que são a fidalguia da vila,
negociantes de manteiga e óleo de baleia,
vestem os fatos do domingo e as gabardinas
e vão para bordo beber cerveja e fumar ciagarros
    de marcas estrangeiras
no bar da primeira classe . . .

Mar há também
—eu fui um deles—
a multidão que fica em terra,
olhos ávidos para todos os permenores desse
acontecimento mensal
    —as gasolinas que vão e vêm,
    os barcos da descarga,
    o gado que embarca para Lisboa,
    os sacos amarelos do correio,
    um caixeiro viajante que se desfaz em gestos
        e palavras
    ou algum calafona que vem de visita . . .

De guarda-sol aberto,
o Sr. Antonico Valadão espera alguém
que lhe diga a quanto está o dólar.

Ai o dia santo de San Vapor
despertando vehos planos de viagem,
enchendo de expectativas e novidades
a gente da minha ilha! . . .

STEAMER DAY
To Manuel Lopes

When the steamer comes in
it's as if it were a holiday on the island

—the holy day of Saint Steamer . . .

The clerks in Finance,
the mayor of the City,
the curator of the Registry of Deeds,
the deputy and the judge
and those lords who are the cream of the town,
merchants in butter and whale oil,
dress up in their Sunday suits and their raincoats
and go on board to drink beer and smoke cigarettes
of foreign make
in the bar in first class . . .

But there are as well
—I was one of them—
the crowds who stay ashore,
avidly eyeing all the details of
that monthly happening

        —the motorboats that come and go,
        the unloading boats,
        the animals that ship out for Lisbon,
        the yellow mailbags,
        a traveling salesman who dissolves in gestures
                and words
        or some calafona who comes to visit . . .

Under an open umbrella,
Mr. Antonico Valadão awaits anyone
who will tell him how the dollar stands.

Oh, the holy day of Saint Steamer,
reawakening old sailing plans,
filling the people of my island
with expectations and news! . . .

1
Em frente,
mar.
Para trás,
rochas a pique
vedam todos os caminhos.

Vem o inverno.
Vem o verão.

No loja vazia o dono boceja.
A grapuada joga ao pião.
Um carro de bois chia.

E é tudo tão igual,
tão encharcado de solidão
que a gente às vezes já nem sabe
se vive.

2
Na praça os velhos olham quem vem
e recordam histórias de tempos passados

"d'ũa vez em Fresno . . ."
"no Chinatão de San Francisco . . ."

Ti Antonho Cristove encosta-se à bengala
e conta das suas viagens
nas barcas-de-baleia que vinham à ilha.

Ficam todos suspensos
—olhos perdidos no pego do mar,
no fundo fundo do tempo . . .

Um passarouco passa,
planando,
no céu.

O vento rondou para Oeste.

FOUR MOTIFS OF THE GREAT FAJÃ

I

Before us,
the sea.
Behind us,
sheer rock
fencing in all roads.

Winter.
Summer.

In the empty store the owner yawns.
Kids spin tops.
An ox-cart creaks by.

And everything is the same,
drenched so in loneliness
that at times one knows not
that he's alive.

2

In the square old men eye those who pass
and remember stories from the past

one time in Fresno . . .
in the Chinatown of San Francisco . . .

Uncle Antonho Cristove leans over his cane
and talks about sailing
on whalers that used to come to the island.

They all mope
—eyes lost in the depths of the sea,
in the bottom depths of time . . .

A gull glides by,
riding,
in the sky.

The wind has turned around to the West.

3 *(À maneira de Cesário Verde, propositadamente)*
A agitação dos dias de baleia!
Marinheiros correndo runo ao porto.
Iguala o Universo um grão de areia
e o Nada é um doutor de olhar absorto.

A bomba que rebenta na vigia
sacode o ar num sobressalto de asas.
A vida igual de sempre dir-se-ia
outra na lida habitual das casas.

Mas à agitação se segue logo
uma ansiedade vã sobre a paisagem.
Em cada coração crepita um fogo
à espera apenas de uma leve aragem.

Depois, qualquer sinal no horizonte
parece um barco—e uma baleia morta?
Um binóculo espreita, ali defronte,
e um vulto de mulher assoma à porta.

Inquieto, alguém pergunta:—Que é? Que foi?
Um coração lento cruza a dúbia praça;
reflecte a placidez do olhar do boi
a morna placidez da tarde baça.

Mas não há um vela pelo mar!
As horas passam, moles, arrastadas . . .
A noite vem . . . Os botes sem chegar!
E um choro enche as casas desoladas.

4
Os arados sulcaram a terra
e das sementes brotaram plantas que foram esperança
nos dias do povo.

Na praça os homens falavam da beleza do tempo:

Ano como este nunca se viu.
Vai haver muito milho,
Vai ser um ano grande.

3 *(After Cesário Verde, deliberately)*
What hurly-burly on whale day!
Sailors run on course down to the port.
A grain of sand becomes a Universe
and Nothing his eminence of absorbed looking.

The bomb that goes off on the lookout
shakes the air in a tumbling of wings.
Life's even life turns
into something else in the daily life of houses.

But the hurly-burly is soon followed
by a bootless anxiety about the landscape.
In every heart lurks fire
waiting for its whisper of a breeze.

Later, any sign on the horizon
appears to be a boat—or a whale kill?
Binoculars keep the watch, out in front,
and a woman's shape gathers at the door.

Disturbed, someone asks: "What's that? What happened?"
A dray drags across the uncertain square;
the tepid stillness in the dull afternoon reflects
the stillness of bovine eyes.

But there's no sail on the sea!
The hours drag on, indolently . . .
Nightfall . . . The boats are not back!
A cry swells up in the saddened houses.

4
Plows have turned over the soil
and the seed gives forth plants that are
the daily hopes of people.

In the square men praise their weather—

There was never a year like this.
There'll be corn in abundance,
It'll be a banner year.

(Há quase dois meses o estaleiro vazio
e não há quem venda um alqueire de grão.)

Na terra as plantas crescem.
Crescem promessas
nos olhos do povo.

. . . Então
o vento soprou rijo da banda do mar
e a salmoura caiu sobre a terra
como uma chuva de maldição.

E onde houve searas viçosas
ficou mais um ano de fome
e os nossos corações sangrando.

(Nearly two months now the wharves have been empty
and no one will sell even a measure of grain.)

Out of the ground plants grow.
Promises grow
in the eyes of the people.

. . . Then,
the wind sweeps hard off the sea
and brine rains over the land
like the fall of damnation.

And where once were luxuriant harvests
there came in their stead another year of hunger,
of hemorrhage in the heart.

AFTERWORD
Poetry in All Seasons

As I was ordering my thoughts about Pedro da Silveira (1922–2003), the legendary scholar of prodigious memory, everyday ironist of the first water, author of some of the most engaging poetry of our day, and good friend to many—trying to bring those thoughts to book, as Robert Frost might say—I had come to mind, in one of those entirely unexpected moments, a striking idea once expressed by a famous New Englander. One and a half centuries ago the Concord native and author of *Walden*, Henry David Thoreau, ventured the thought that if once, just once, we were able to see out of another person's eyes, we would understand everything. Whether or not this is so has not yet been verified. It remains a notion and not a theory or a hypothesis because it cannot be tested, let alone verified. What it leads me toward, however, is an understanding of what it is that the good and great poets have always attempted to do. For what is poetry, I submit to you, but the result of a gifted individual's attempt to permit us, for a moment or an hour, to see things through his or her eyes? It might not be the same as seeing the world through another's eyes, but it might well be the closest that we can come.

Pedro da Silveira knew this. Consider *Sinais do Oeste* (Western Signs, 1962). For a cluster of poems under the collective title of "Pouco mais que paisagem" (Little More Than Scenery), he chose an epigraph from José de Bellegarde's *O Vigia de Baleias* (The Whale Lookout) that reads simply and definitively: "Minha vida é olhar, olhar! . . ." (My life is to look, to look!). And so it was with Pedro da Silveira, ever alert to what was beyond his sight no less than to what moved or sat before him. Prizing above all exact and unimpeachable knowledge, he was a Blake-like scholar and poet, honoring us by his dedication to all things in their particulars. It is only natural to assume that there were things that escaped his tyrannical eye, but there seems to be no point in trying to name them for they are not important to his achievement.

Frost called Thoreau the most "noticing" person who has ever lived. By that he meant that Thoreau noticed the most things. Notably, Frost was himself quite accomplished in noticing things and people. Not willing to question Frost's attribution of the crown for "noticing" to his New England predecessor, however, I will only that say it is a pity Frost never met, in word or in the flesh, Pedro da Silveira.

From *A Ilha e o Mundo* (The Island and the World), a first collection of poems published in 1952 that, half a century later, are as fresh and original as the feel and taste of steel, to the ambivalently titled *Poemas Ausentes* (Poems in Absentia), published in 1999, three years before the poet's death, Pedro da Silveira was true to his convictions. He trusted his senses, above all, his ability to see, if not the Truth, at least the truth of things as they seem to be, to lead him to write plainly and directly. For "plain and direct" are the best words I know to describe Pedro da Silveira's literary style—words that, in my vocabulary, are honorific, particularly when applied to personal character or literary style.

In a sense the poet Pedro da Silveira followed the Adam of Genesis. He was not the namer of beasts and flowers and places. He was the discoverer, the verifier, and the conservator of names. He would know the regional name no less than the more generally used name of a farming implement or uncommon fruit. I'm reminded of an incident, some years ago, at a conference on the island of Terceira. In my talk, based on letters written and a diary kept by an American wintering on the island of Fayal during the mid-1850s, I quoted a sentence in which the writer referred to the "cherimoya." It was obviously some sort of fruit but I could find no equivalent English term. I asked Pedro da Silveira about it, and he ran through some possible identifications. But he could not please himself with what he could then recall. Of course he took it as a challenge. It wasn't long before I received a letter from him announcing that he had nailed the matter down. Of course he had. Did anyone ever think he would not? (Let me speak parenthetically now. Not long ago, a feature story in the food supplement of my local newspaper announced in bold headlines that food stores in Hartford, Connecticut, were now featuring all sorts of [to Americans at least] exotic vegetables and fruits, including the hitherto elusive and mysterious "cherimoya.")

Pedro da Silveira's poetry is replete with the names of persons, places, things. He sees magic and truth in the names of ships— the *Kennard,* the *Bidarte,* the *África,* the *Sarah,* the *Fredónia,* the *Verónica,* the *Dona Maria,* and the *Good Hope*—this last ship being under the command of the poet's cousin, Francisco Augusto, when it went down, taking its captain with it, while attempting to cross the treacherous seas at Cape Horn. He names places he has seen. He names places before he has seen them, such mysterious and magical and quasi-legendary names that stand out in island and family history. He dedicates the section of poems titled "Os caminhos do mundo" (The Roads of the World) in *A Ilha e o Mundo* to the memory of "José Laureano da Silveira (1826–1901) e António José de Mendonça (1838–1911), pioneiros da Gold Rush," grandfathers both. Memories of the California Gold Rush and the once-in-a-lifetime experiences of the so-called "forty-niners," transmitted, undoubtedly, by those who received them from those who were there in the flesh, seem to have fed Pedro da Silveira's spirit and surged into his imagination from the start. In the unnamed, generalized "pioneer" he salutes in the poem "Êxodo" (Exodus), he names the names of California: Yerba Buena (the place we now know as San Francisco), San Diego, Eureka, Red Bluff, Monterey, Fresno, the San Joaquin Valley, the Sierra Nevadas, Sonora, Bakersfield, Oakland—all places touched by the Azorean forty-niners or their descendants. It is the genius of what is, perhaps, Pedro da Silveira's best known poem, "Ilha," a poem of yearning, illusion, ache, and hope.

Only this:

Closed sky, hovering heron.
Open sea. A distant boat's hungering
prow eyeing forever those bountiful
Califórnias.

This poem stands alone, uniquely capturing the islander's *saudades* for an experience he knows well but paradoxically has not yet had and, of course, might never have.

If the young Pedro da Silveira was himself the poet of longing, the emotions of dreaming and the discovery of illusions—all checked by the things and truth of reality—he remained that poet. Yet, at the end, there was this difference. He became the poet, too, of diminution, loss, and, peerlessly, aging—this latter becoming larger than the theme of death itself. Life shrinks, age mounts up, and salt continues to lose its savor. Having been "absent" for much of his adult life from his first home, his island, his islands—though never failing to live out over the decades his routine of seasonal recurrence (return and departure, return and departure)—he now returns to his native Flores for a last time. This voyager, explorer, once concluded a poem with these rousing lines:

Leave the hackles for the desiccated and blighted
who were afraid of navigation.
For me, the Sea.[1]

But now, feeling old, this Ulysses returns to his island, to the house that is still legally his. Like a man licking an aching tooth, he yearns for recognition. "Último regresso" (Final Return) in *Poemas Ausentes* rises from the emotional residue of this visit. This elegy, as the poet calls it, has the earmarks of the poet's poetic imagination—the precise naming of trees, the singling out of the things that formerly gave this house its charity, its human and humane reality.

Written in the late 1980s, "Último regresso" maneuvers dangerously, for the most part, in the waters of self-pity. But the situation is redeemed (and that is the reason for the poem's being) by the appearance of a watchful cat, the sole occupant of the property, whose behavior alerts the speaker of the poem to the insight that matters: despite the familiarity of everything in this family place, he must now recognize the truth that he is a stranger in his own house. The "insider" has become the "outsider." The question of who has the better claim does not go unanswered. Even the Greek hero, back from the long wars and bone-weary from his travels, finds in the old family nurse one who, recognizing an old scar, validates his right to his home.

In his maturity, T. S. Eliot thought that "old men should be explorers." There was no need to preach that sermon to Pedro da Silveira, who, after all, a year or two before his death, crossed the Atlantic to be with the Portuguese of the United States. What the English poet did not say is that while the man ages, the explorer never grows old. His motto might well be, in the famous words of Fernando Pessoa, "Tudo vale a pena / Se a alma não é pequena" (It's all worth doing when one is not mean of soul). And that, of course, was Pedro da Silveira's secret. Behind the cutting remarks, the crusty gruffness, the angry refusal to practice polite or hollow manners or speak the meretricious speech of mere civility, or the sometimes overbearing insistence on obedience to fact and reality as he saw it (though never obeisance)—behind all that there was always a capacious and adventurous spirit.

To see that engaged and engaging spirit, one need only turn to a late poem from *Poemas Ausentes*—a sly, lively, mischievous poem called "Acabado, mas não tanto" (Done For, but Not Quite). In mood and tone the poem is as ancient as the Greeks, but it is as modern, I think, as the still unknown poetry of tomorrow. Even the destructive seventh age of man, culminating in nature's insults to the human body, did not eclipse Pedro da Silveira's ability to see the things of this world that will lift the spirit of those with the eye to see them.

George Monteiro

NOTE

1. "Fiquem os restelos para os secos e pecos / que tiveram medo da navegação. / A mim, o Mar!" ("Arte poética" [Poetic Art], *Sinaes do Oeste* [Coimbra: Textos "Vértice," 1962]).